ERIK PIGN

Das kleine Übungsheft

Entschleunigen

Aus dem Französischen von
Claudia Seele-Nyima

Illustrationen von Jean Augagneur

TRINITY

Erik Pigani ist Psychotherapeut, arbeitet aber auch als Journalist, Pianist und Komponist. Sein Spezialgebiet ist die Erforschung veränderter Bewusstseinszustände. Während eines langen Aufenthalts in den USA absolvierte er Ausbildungen in verschiedenen Techniken der Persönlichkeitsentwicklung und in transpersonaler Psychologie. Er ist Ressortchef beim *Psychologies Magazine* und Autor zahlreicher Bücher, u. a. über Zen-Meditation.

Die Originalausgabe ist erstmals 2011
bei Éditions Jouvence erschienen.
Titel der französischen Originalausgabe:
Petit cahier d'exercices
pour ralentir quand tout va trop vite

www.editions-jouvence.de, info@editions-jouvence.de

2. Auflage 2013

Umschlaggestaltung: Guter Punkt, München
Satz: Veronika Preisler, München
Druck und Bindung: Pustet, Regensburg
ISBN 978-3-941837-94-2

»Jagen Sie dem Leben nicht hinterher: Es wartet immer noch hinter Ihnen.«

Erik Pigani

»Die Zeit läuft mir davon!« »Ich habe für nichts mehr Zeit.« »Keine Minute habe ich für mich.« …

Vielleicht geht es Ihnen wie Millionen anderer Menschen: Ihnen macht die Zeit zu schaffen – eine Krankheit, die offenbar schon so weit um sich gegriffen hat, dass man sie als Seuche bezeichnen könnte! Tatsächlich eine »Zeitkrankheit«? – Genau! Zeit bildet unser Lebensumfeld, genau wie unsere Umwelt. Weil sie untrennbar mit uns verbunden ist, hat eine schlechte Zeitqualität ebenso negative Auswirkungen auf unser Leben wie verschmutzte Luft oder unausgewogene Ernährung.

Genau das erleben wir gerade: Die Zeit ist aus den Fugen geraten – und nicht nur die »Uhrzeit«! Durch die Beschleunigung, die Zersplitterung und vor allem die Verdichtung der Zeit – also den Zwang, immer mehr in immer weniger Zeit zu tun – ist es heutzutage nicht mehr möglich, den Terminkalender unseres Lebens nach Art des siegesgewissen Coachings der 80er- und 90er-Jahre zu führen. Wir müssen uns einer neuen Herausforderung stellen: unsere Wahrnehmung der Zeit zu revidieren und zu lernen, **langsamer** zu werden, damit wir unser Leben wieder gelassener und mit klarerem Blick führen können.

Brauchen Sie »Entschleunigung«?

Hier finden Sie 30 bekannte Symptome, die typisch für den Stress einer zu rasanten und überlasteten Lebensweise sind. Kreisen Sie in den Spalten »nie«, »manchmal« und »oft« die Ziffer ein, die Ihrem persönlichen Empfinden entspricht. Zählen Sie anschließend jede Spalte einzeln zusammen, und errechnen Sie dann Ihre Gesamtpunktzahl.

	Nie	Manchmal	Oft
Mein Gesicht ist angespannt.	0	1	2
Ich habe Nackenverspannungen.	0	1	2
Ich habe Kopfschmerzen.	0	1	2
Ich bin zerstreut.	0	1	2
Ich erledige alles schnell und nicht sehr gut.	0	1	2
Ich habe Rückenschmerzen.	0	1	2
Ich kann mich nur schwer entspannen.	0	1	2
Ich bin müde.	0	1	2
Ich bin mutlos.	0	1	2
Ich schlafe schlecht.	0	1	2
Ich reagiere gereizt.	0	1	2
Ich habe Verdauungsprobleme.	0	1	2
Ich habe hohen Blutdruck.	0	1	2
Ich bin ängstlich oder besorgt.	0	1	2
Ich bin überempfindlich.	0	1	2
Ich bin ab und zu deprimiert.	0	1	2
Ich bin ungeduldig.	0	1	2
Ich fühle mich überfordert.	0	1	2
Ich kann mich kaum noch für etwas begeistern.	0	1	2
Ich gehe auf dem Zahnfleisch.	0	1	2
Ich nehme alles übel.	0	1	2
Ich kann mich nur schwer konzentrieren.	0	1	2
Meine Gedanken sind konfus.	0	1	2
Ich habe Gedächtnislücken.	0	1	2
Ich empfinde Groll.	0	1	2
Ich bin aggressiv.	0	1	2
Ich komme nicht ohne Kaffee aus.	0	1	2
Ich überspringe Mahlzeiten.	0	1	2
Ich blicke auf die Uhr.	0	1	2
Ich kaue auf meinen Nägeln herum.	0	1	2
Ergebnis:	...	...	...
Gesamtergebnis:	....		

Für sich genommen, können all diese Symptome nur ein vorübergehendes Problem sein, das sich entweder von selbst wieder regelt (zum Beispiel »Ich überspringe Mahlzeiten«) oder das mit psychologischem Beistand (zum Beispiel »Ich bin ängstlich«) oder ärztlicher Hilfe (zum Beispiel »Ich habe Bluthochdruck«) wieder in Ordnung kommt. Je mehr Symptome Sie jedoch haben, desto stärker stehen Sie unter Stress – und umso wichtiger ist es, dass Sie die Dinge langsamer angehen … dringend!

Mein Bedürfnis, langsamer zu werden:

- 0 bis 15 Punkte: Legen Sie etwas häufiger eine Pause ein.
- 16 bis 30 Punkte: Schaffen Sie sich zeitliche Freiräume, damit Sie wieder zu sich selbst finden können.
- 31 bis 45 Punkte: Machen Sie alle Aufgaben in diesem Heft so gründlich wie möglich.
- 46 bis 60 Punkte: Sie sollten dringend innehalten, um sich zu erholen und über Ihr Leben Bilanz zu ziehen.

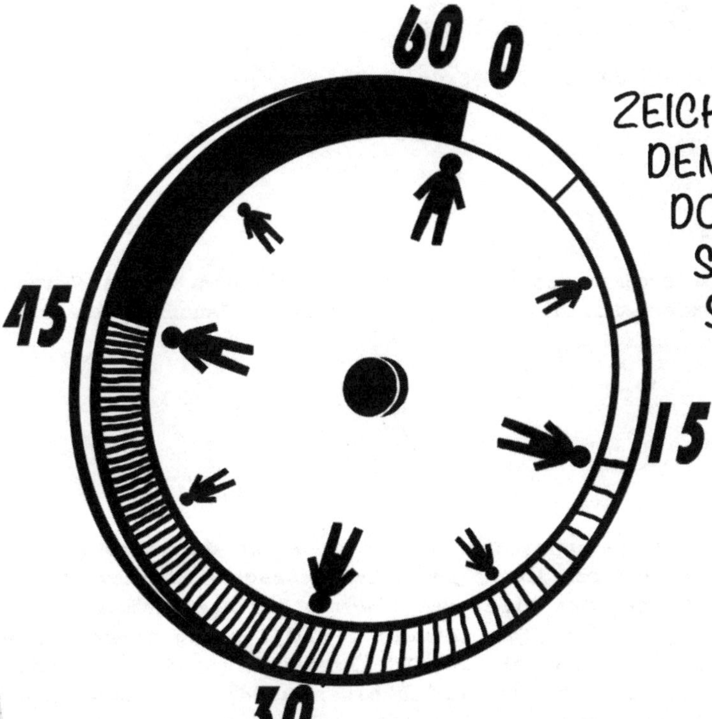

ZEICHNEN SIE DEN ZEIGER DORT EIN, WO SIE DERZEIT STEHEN.

I. Sich Klarheit verschaffen

Welche Persönlichkeit hat Ihre Zeit?

Schauen Sie sich diese sechs Aussagen aufmerksam an:

1. Die Zeit ist unser Feind.
2. Die Zeit ist unser Sklave.
3. Die Zeit ist neutral.
4. Die Zeit ist unser »Schiedsrichter«.
5. Die Zeit ist unser Herr.
6. Die Zeit ist ein Mysterium.

Wählen Sie die drei Aussagen aus, die am ehesten Ihren Vorstellungen entsprechen. Ordnen Sie die Aussagen nach der Bedeutung, die sie für Sie haben:

1. Die Zeit ist ....
2. Die Zeit ist ....
3. Die Zeit ist ....

Um sich darüber klar zu werden, auf welche Art Sie Ihre Zeit erleben, lesen Sie nun das Porträt Ihrer gewählten Aussage 1 mit dem dazugehörigen Ratschlag. Sie können das Bild, das Sie von der Zeit haben, vervollständigen, indem Sie auch auf Wahl Nummer 2 und 3 Bezug nehmen. Sie werden feststellen, dass es »die« einzige Idealvorstellung der Zeit nicht gibt: Da wir alle einzigartige Persönlichkeiten sind, ist auch unsere Wahrnehmung der Welt einzigartig. Also ist auch unsere persönliche Zeit einzigartig …

➢ Sie haben »Die Zeit ist unser Feind« gewählt

Sie verbringen Ihre Zeit im Wettlauf gegen die Uhr. Solch ein Lebensstil hält den Wettbewerbsgeist lebendig und kann den Zugang zu dem, was man in den 80er-Jahren »Erfolg« nannte, erleichtern. In gewisser Hinsicht ist solch eine Einstellung ein Vorteil. Sie strengen sich gerne an und für Sie ist ein Problem erst dann wirklich eines, wenn es schwierig ist.

Rat: Zeit gewinnen oder verlieren hat überhaupt keinen Sinn, denn was auch immer geschieht, Sie haben doch nur so viel Zeit, wie Ihnen insgesamt zur Verfügung steht: 24 Stunden pro Tag! Lernen Sie, sich von Ihrer Geisteshaltung zu lösen und auch einmal nichts zu tun. Erleichtern Sie sich Ihren Alltag dadurch, dass Sie nach und nach überflüssige Aufgaben weglassen. Und schließlich: Hüten Sie sich vor Stress oder sogar Burn-out! Unternehmen Sie unverzüglich etwas, beschäftigen Sie sich mit Antistresstechniken und wenden Sie sie an.

➢ Sie haben »Zeit ist unser Sklave« gewählt

Ihnen ist hauptsächlich daran gelegen, Herr Ihrer Zeit zu sein. Dazu teilen Sie sie in viele kleine Abschnitte auf, die Sie stets im Blick behalten können. Alles in Ihrem Leben ist vorprogrammiert! Diese Haltung kann zu einem gewissen beruflichen Erfolg führen – sie gilt sogar als dessen Grundlage, denn die Vorteile einer solchen Lebensauffassung werden in einer Gesellschaft, in der es eher verpönt ist, seine Zeit für unproduktive Ziele zu vergeuden, mit am meisten anerkannt. Die Nachteile liegen jedoch ebenso klar auf der Hand: Da alles kontrolliert werden muss, ohne Hoffnung auf Gewinn oder Verlust, herrscht in Ihrem Leben kaum Platz für Freiheit, Kreativität und die einfachen Freuden zwischenmenschlicher Beziehungen.

Rat: Ihr körperliches und geistiges Unbehagen hat seine Wurzeln zum Teil im Missverhältnis zwischen Ihrer sozialen (ökonomischen) und Ihrer biologischen Zeit: Ihre Art, die Zeit zu nutzen, ist nicht im Einklang mit Ihrer inneren Zeit. Vergessen Sie nicht, dass Sie keine Maschine sind! Entlasten Sie Ihren Alltag von Grund auf, betrachten Sie das Leben aus einer globalen, umfassenden Perspektive, lernen Sie, Pausen einzulegen, zu atmen, den gegenwärtigen Moment bewusst wahrzunehmen und ... langsamer zu werden!

➤ Sie haben »Zeit ist neutral« gewählt

Ihr Geist wird nicht vom ständigen Ticken der Uhr beherrscht. Sie betrachten Zeit als eine persönliche Ressource, eine Gabe, die uns bei der Geburt von einer guten Fee geschenkt wird. Darum können Sie jeden Tag Ihrer Fantasie freien Lauf lassen, denn Sie wissen, dass eine tickende Uhr an sich nicht von tieferem menschlichem Wert ist, sondern dass sie allenfalls manchmal von Nutzen sein kann.

Eine solche Lebensweise kann bestimmte Nachteile nach sich ziehen, insbesondere die, dass Sie vielleicht desorganisiert sind und keine Orientierungspunkte haben.

Rat: Lernen Sie, Ihre Zeit besser in den Griff zu bekommen und Ihren Tagesablauf besser zu planen. Vor allem das Durcheinander in Ihrem Alltag führt dazu, dass Sie sich geistig erschöpft fühlen. Damit Sie nicht zu sehr ins Schleudern geraten, sollten Sie die Prinzipien des Kaizen (s. S. 26) beherzigen und sich regelmäßig mit den Aufgaben des Alltags »verabreden«. Sie können auch Seminare aus dem Bereich der persönlichen Entwicklung belegen, die sich mit dem Entdecken der eigenen Persönlichkeit und Selbstbehauptung beschäftigen.

➢ Sie haben »Zeit ist unser Schiedsrichter« gewählt

Die Zeit ist der Richter Ihres Lebens. Sie haben ihr – und das nicht zu knapp – die Macht zugestanden, Ihr Handeln und Ihre Aktivitäten zu kontrollieren, und lassen zu, dass sie Ihre Gefühle beherrscht. Um sicherzugehen, dass Sie Ihrem System auch gerecht werden,

- umgeben Sie sich mit allem, was die Existenz Ihres »Schiedsrichters« symbolisiert, und Dingen, die Ihr Leben zeitlich kontrollieren: Armband- und Wanduhren, Sanduhren, Küchenuhren und Stoppuhren unterstützen Sie treu und unentrinnbar.

Rat: Diese Einstellung kann Vorteile bieten: So begünstigt der vorgegebene Lebensrhythmus einen gewissen Erfolg. Vergessen Sie aber nie, dass die Maschine Mensch zu komplex ist, als dass sie genau nach Stoppuhr funktionieren könnte. Entlasten Sie Ihren Tagesablauf so weit wie möglich und lernen Sie, keine Armbanduhr zu tragen. Arbeiten Sie auch mit Ihren Schuldgefühlen (s. S. 19) und nehmen Sie sich Zeit, hin und wieder nichts zu tun.

➢ Sie haben »Zeit ist unser Herr« gewählt

Sie überlassen sich vollständig diesem großen Meister, auf den Sie alles abwälzen und den Sie für alle Entscheidungen, die Ihr Leben betreffen, verantwortlich machen. Ihre bevorzugten Aussprüche sind: »Die Zeit wartet nicht«, »Alles zu seiner Zeit«, »Kommt Zeit, kommt Rat«. Und Sie geben der Zeit übertriebene Macht!

Sie haben sich in einen Käfig gesperrt, der Sie vor Verwirrung und Unsicherheit schützt. Dadurch grenzen Sie jedoch die vielfältigen Lebensweisen, die Ihnen zur Wahl stehen, ein. Dem äußeren Anschein nach mag das Leben zwar leichter sein, wenn die Wahlmöglichkeiten eingeschränkt sind, aber dennoch: Sich von seinem kreativen Potenzial abzukoppeln heißt, sich von einer wesentlichen Funktion des Menschen abzukoppeln, und von seiner Seele ...

Rat: Es kann sein, dass Sie dieses Übungsheft nach wenigen Seiten wieder zuklappen, weil Sie es für ein übles Machwerk halten. Es hält tatsächlich genau die Werte hoch, die denen, an die Sie geglaubt haben, widersprechen, und empfiehlt Verhaltensweisen, die zu Ihren deutlich im Widerspruch stehen ... Falls jemand Ihnen dieses Heft geschenkt hat, verbirgt sich in diesem Geschenk wahrscheinlich eine Botschaft. Wie auch immer: Wollen Sie das Leben mit anderen Augen sehen, dann nehmen Sie die Herausforderung an: Lassen Sie sich auf ein Abenteuer ein!

➤ Sie haben »Zeit ist ein Mysterium« gewählt

Für Sie liegt die Zeit außerhalb des bewussten Bereichs. In gewisser Weise haben Sie recht: Zeit ist die rätselhafteste Variable der Physik und bildet (zusammen mit dem Bewusstsein) eines der großen wissenschaftlichen Mysterien unserer Tage. Das ist allerdings kein Grund, sie zu ignorieren! Ihr Verständnis von Zeit ähnelt wahrscheinlich der Art Ihrer Körperwahrnehmung: Sie sind sich Ihres Magens überhaupt nicht bewusst – bis zu dem Tag, an dem er Ihnen wehtut …

Rat: Sie müssen lernen, Probleme systematisch anzugehen, einen Terminkalender zu führen, zu managen, vorauszudenken, zu planen. Entlasten Sie Ihren Tagesablauf, indem Sie alle Aktivitäten weglassen, die sich nicht lohnen. Sie müssen zwar nicht unbedingt langsamer werden, sollten aber Ihr Dasein so strukturieren, dass Sie es bewusst auf Ihr Lebensziel ausrichten und dieses ansteuern können. Stellen Sie sich Fragen wie: »Was soll ich überhaupt auf der Welt?«, »Welchen Sinn hat mein Leben?«, »Warum bin ich hier?«. Die Antworten darauf – und seien sie auch nur vorübergehend – liefern Ihnen automatisch den Schlüssel, wie Sie in dem Rhythmus vorankommen können, der Ihnen am besten liegt.

Interview mit mir selbst

Spielen Sie einmal Journalist, um zu sehen, wo Sie im Leben stehen. Für diese Übung brauchen Sie ein Aufnahmegerät.

- Nehmen Sie das Aufnahmegerät, schalten Sie es ein und beantworten Sie dann so, als säßen Sie einem Journalisten gegenüber, folgende Frage: »Warum haben Sie heute das Bedürfnis, die Dinge langsamer anzugehen?«
- Wenn Sie fertig sind, hören Sie Ihre Antwort an und schreiben Sie die wichtigsten Gedanken auf.
- Schreiben Sie den Text Ihres Interviews auf die beiden folgenden Seiten. Da es sich um einen persönlichen Bericht handelt, schreiben Sie Ihren Text natürlich in der ersten Person.
- Geben Sie Ihrem Bericht eine Überschrift, indem Sie **den Satz auswählen, der Sie am besten charakterisiert**. Setzen Sie ihn in Anführungszeichen.
- Suchen Sie ein Foto von sich heraus, das Ihnen am ähnlichsten ist und gleichzeitig Ihren Bericht widerspiegelt.
- Erstellen Sie eine kleine »Bildunterschrift« mit Ihrem Vornamen, Alter, Familienstand und Beruf (zum Beispiel: Viola, 45, Mutter von zwei älteren Teenagern, stellvertretende Küchenchefin in einem großen Restaurant).

➢ Mein persönlicher Bericht

ÜBERSCHRIFT

BERICHT

MEIN FOTO

LEGENDE

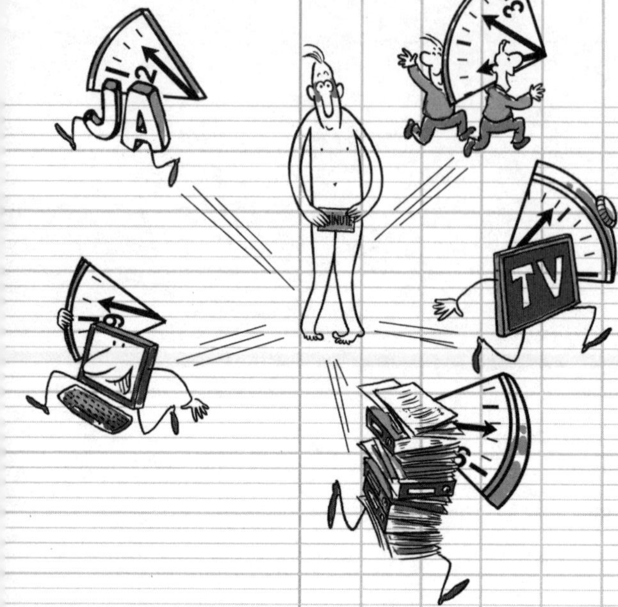

Zeitdiebe

Der Ausdruck »Zeitdiebe« (oder auch »Zeiträuber, Zeitfresser, Zeitkiller«) ist inzwischen allgemein bekannt. Er bezieht sich auf die Untersuchungen eines amerikanischen Forschers, Alec Mackenzie[1], der Mitglieder ganz unterschiedlicher Berufsgruppen eine Liste von »Zeitdieben« hatte erstellen lassen. Auf diese Weise ermittelte er etwa 30 »äußere« und »innere« Zeitdiebe. Hier eine überarbeitete und korrigierte Liste mit 30 zeitraubenden Aktivitäten, Verhaltensweisen und Geisteshaltungen, die unmittelbar Ihren privaten und beruflichen Alltag beeinflussen:

- Fernsehen
- E-Mails
- Warteschlangen
- Staus
- Soziale Netzwerke im Internet
- Blogs
- Instandhaltung und Reparaturen von Haushaltsgeräten
- »Fahrdienst« für die Kinder
- Haushalt
- Unentschlossenheit
- Einkäufe
- Unnötige Plaudereien
- Ungelöste Konflikte
- Plötzliche Unterbrechungen durch die Kinder
- Verlust des Zeitgefühls
- Prioritäten und konfuse Zielsetzungen
- »Papierkram«
- Überraschender Besuch
- Perfektionismus
- Mangelnde Ordnung
- Telefonanrufe
- Unfähigkeit zu delegieren
- Übertriebene Aufmerksamkeit auf Details richten
- Ablehnung von Veränderungen
- Unfähigkeit, Nein zu sagen
- Müdigkeit und Stress
- Mangelnde Planung
- Sammeln von Informationen
- Unvorbereitete Gespräche
- Ausufernde Besprechungen

1 Alec Mackenzie: *Die Zeitfalle. Der Klassiker für Zeitmanagement in Neuausgabe*. Sauer Verlag, Heidelberg 1997 (11. Aufl.).

➢ Meine Zeitdiebe

Erstellen Sie eine Liste der 7 Zeitdiebe, die Ihre »Verbündeten« sind (die Sie mögen), und der 7 »aufgezwungenen« Zeitdiebe (die Sie nicht mögen). Ordnen Sie sie ihrer Bedeutung nach.
Je mehr Ihrer Zeitkiller Sie jetzt herausfinden, umso leichter werden Sie sie erkennen, sobald sie in Erscheinung treten.

Meine wichtigsten »verbündeten« Zeitdiebe:

1. ....
2. ....
3. ....
4. ....
5. ....
6. ....
7. ....

Meine wichtigsten »aufgezwungenen« Zeitdiebe:

1. ....
2. ....
3. ....
4. ....
5. ....
6. ....
7. ....

Meditieren Sie einige Minuten über Ihre »Zeitdiebe«. Machen Sie sich einfach bewusst, welchen Platz sie in Ihrem Leben einnehmen, denken Sie darüber nach und überlegen Sie, wie Sie diese Liste kürzen könnten. Kommen Sie nochmals darauf zurück, wenn Sie einige der kleinen Schritte zur Entschleunigung (s. S. 34 ff.) praktiziert haben.

Die verlorene Minute ...

Sie haben keine Minute mehr Zeit für sich und finden, dass die Zeit durcheinandergeraten ist? Machen Sie eine Pause und ordnen Sie die Minute wieder richtig!

Nehmen Sie sich Buntstifte und ordnen Sie alle Sekunden richtig, sodass sie wieder eine chronologische Minute bilden – malen Sie dafür die Sekunden jeweils in einer Farbe aus.

Falls Sie eine Stoppuhr zur Hand haben, schalten Sie sie ein und dehnen Sie die Übung zeitlich möglichst lange aus.

II. Den Stier bei den Hörnern packen

Zum Teufel mit den Schuldgefühlen!

Wie viele andere haben Sie bestimmt ein schlechtes Gewissen, weil Sie »keine Zeit haben«, eine Arbeit zu beenden, eine Einladung anzunehmen, eine Besorgung zu machen, den Koffer sofort nach der Rückkehr von einer Reise auszupacken, zur Reinigung zu gehen, nicht alles erledigen zu können, was Sie sich vorgenommen haben, usw. Diese Form der Schuldgefühle ist zermürbend und knabbert an der Zeit, die Sie mit sich im Einklang sein könnten. Sie bewirkt, dass wir auf die Ferien warten, um uns endlich einmal gehenlassen zu können. Doch wie verhält es sich damit in einer fest umgrenzten, von der Gesellschaft »genehmigten« Zeit? Manche haben ihre Schuldgefühle in Bezug auf die Zeit schon zur Lebenskunst erhoben.

»Ich habe überhaupt keine Zeit mehr!«
Erklären Sie in drei Zeilen, was dieser Satz für Sie bedeutet:

....

....

....

Er könnte bedeuten: »Ich habe keine Zeit mehr, innezuhalten und nichts zu tun.«
Wenn Sie geantwortet haben: »Ich kann nicht noch mehr tun als das, was ich ohnehin schon tue« oder etwas Ähnliches, dann denken Sie einmal darüber nach, warum das so ist.

Sosehr »einfache« Schuldgefühle auch ihre Berechtigung haben mögen - durch sie können wir uns nach dem Sinn des Lebens, nach Gut und Böse, dem Zweck unseres Tuns fragen -, so sehr bewirken zeitbezogene Schuldgefühle, dass wir Energie verlieren - und Zeit! Für viele haben sich solche Schuldgefühle in den 80er-Jahren zum ersten Mal bemerkbar gemacht, einer Periode, in der extrem hohe Leistungs- und Erfolgszwänge in unsere Gesellschaft Einzug hielten. Eine Ideologie der Spitzenleistungen und des Wettbewerbs erzeugte eine Form der Schuldgefühle, die mit dem Eindruck einhergeht, »den Anforderungen nicht gewachsen zu sein«. Verstärkt durch eine Zeit, die fortwährend schnelllebiger wird und sich beschleunigt, hat sich dieses schlechte Gewissen bisweilen sehr tief eingeprägt: Manche meinen sogar, sie seien selbst verantwortlich dafür, dass sie sich in ihrer eigenen Zeit unwohl fühlen ... Verantwortlich sein bedeutet jedoch zuallererst, die eigenen Grenzen zu akzeptieren - unter anderem die Einschränkungen, die uns vom Alter auferlegt werden: Mit 60 kann man nicht mehr dasselbe tun wie mit 20 oder 30. Verantwortlich sein, das heißt auch, fähig zu sein, Entscheidungen über sein Leben, die Arbeit, das Privatleben zu treffen und sich selbst dabei das Recht auf Irrtümer zuzugestehen. Genau darin liegt der Weg, wie wir aus der verdummenden Gefangenschaft der Schuldgefühle ausbrechen können, die um all die »Beeil-dichs« unserer Kindheit herum aufgebaut wurden.

Malen Sie die Bereiche der schlechten, unnötigen Schuldgefühle, die Sie mit sich herumschleppen, farbig aus.

Schuldgefühle, die mit der Zeit in Zusammenhang stehen, sind mit am leichtesten zu lösen: Sie wurzeln weder in einer tiefen Ethik noch in einer grundlegenden Vorstellung von Gut und Böse, sondern lediglich in unserer subjektiven Wahrnehmung und unseren Vorurteilen. Schuldeinflößende Botschaften sind wie negative Gedanken, die Sie durch positive Gedanken ersetzen können. Erleben Sie es selbst:

Zählen Sie fünf »unnötige« Schuldgefühle auf, die Sie belasten:

- Ich fühle mich schuldig, weil ich nicht schnell genug bin.
- Ich fühle mich schuldig, weil ....
- Ich fühle mich schuldig, weil ....
- Ich fühle mich schuldig, weil ....
- Ich fühle mich schuldig, weil ....
- Ich fühle mich schuldig, weil ....

Und nun greifen Sie sie noch einmal auf, indem Sie »Es ist nicht meine Schuld, dass …« davorsetzen und fünfmal laut vorlesen:

- Es ist nicht meine Schuld, dass ich nicht schnell genug bin.
- Es ist nicht meine Schuld, dass ....
- Es ist nicht meine Schuld, dass ....
- Es ist nicht meine Schuld, dass ....
- Es ist nicht meine Schuld, dass ....
- Es ist nicht meine Schuld, dass ....

Suchen Sie unten die Aussagen aus, die Sie »ansprechen«, und schreiben Sie sie auf einen kleinen Zettel, den Sie anschließend in die Tasche stecken und bei sich tragen. Sobald Sie auch nur den kleinsten Anflug eines Schuldgefühls spüren, lesen Sie sich die Sätze laut vor – falls nötig, mehrmals.

Zwölf Aussagen, damit Sie sich nicht mehr aus Zeitgründen schuldig fühlen

1. Ich habe das Recht, meine eigene Zeit zu leben.
2. Pausen sind für meinen Körper und meinen Geist unbedingt notwendig.
3. Zu rasant zu leben kann zu schweren Unfällen führen.
4. Ich habe das Recht, meine Zielsetzung zu ändern.
5. Ich habe das Recht, Nein zu sagen – zu mir und zu anderen.
6. Ich habe das Bedürfnis, langsamer zu werden, um mich an diese Welt anzupassen, die in einem grundlegenden Wandel begriffen ist.
7. Ich brauche keine Angst zu haben, mir neue, andere Verhaltensweisen zuzulegen.
8. Ich habe das Recht, mich dem sozialen Druck zu entziehen, um durchzuatmen.
9. Wir alle müssen zu einem Lebensrhythmus zurückfinden, der mit dem Kreislauf der Natur im Einklang ist.
10. Es gibt nichts Natürlicheres, als älter zu werden.
11. Wenn ich Zeit verliere, gewinne ich Zeit für mich.
12. Schuldgefühle bewirken nicht, dass es vorangeht, sondern dass es zu Verzögerungen kommt.

Ein modernes Märchen

»Guten Tag«, sagte der kleine Prinz.
»Guten Tag«, sagte der Händler.
Er handelte mit höchst wirksamen durststillenden Pillen. Man schluckte jede Woche eine und spürte überhaupt kein Bedürfnis mehr, zu trinken.
»Warum verkaufst du das?«, sagte der kleine Prinz.
»Das ist eine große Zeitersparnis«, sagte der Händler. »Die Sachverständigen haben Berechnungen angestellt. Man spart dreiundfünfzig Minuten in der Woche.«
»Und was macht man mit diesen dreiundfünfzig Minuten?«
»Man macht damit, was man will …«
»Wenn ich dreiundfünfzig Minuten übrig hätte«, sagte der kleine Prinz, »würde ich ganz gemächlich zu einem Brunnen laufen …«

Antoine de Saint-Exupéry, Der Kleine Prinz[2]

2 Übers. von Grete und Josef Leitgeb. Karl Rauch Verlag, Düsseldorf 1950/1998, S. 75.

Halbieren Sie alles

> Der Mensch hat die Erde krank gemacht, für ein »Zuviel«,
> das zum Leben unnötig ist.
> Zu viele Autos, zu viel Nahrung, zu viel Komfort,
> zu viele Zerstreuungen.
> All das vergiftet unser Dasein.
>
> Gitta Mallasz

Was zu viel ist, ist zu viel! Es gibt ein ganz einfaches Mittel, um aus dem endlosen Teufelskreis des Ansammelns auszusteigen, nämlich, indem man sich bei allen Dingen des Alltags an die Regel des Halbierens hält: beim Einkaufen, bei den Aktivitäten, beim Ausgehen …

Sie können sogar die Anzahl Ihrer Freunde halbieren! Bei Ihren Facebook-»Freunden« könnten Sie beginnen – das ist in der Regel leichter, weil es normalerweise weder ein Problem ist noch besonders wehtut … Anschließend können Sie Ihre Liste der »wahren Freunde« aktualisieren – derjenigen, auf die Sie zählen können, was auch immer geschehen mag.

➤ Mein Halbierungszettel

Was ich halbieren kann

- die Liste meiner Facebook-»Freunde«
- ....
- ....
- ....
- ....
- ....
- ....
- ....
- ....
- ....

Was ich nicht halbieren kann

- ....
- ....
- ....
- ....
- ....
- ....
- ....
- ....
- ....
- ....

Zen-Meditationsübung

Stellen Sie sich eine Sanduhr vor. Nehmen Sie sie in die Hand, drehen Sie sie um. Betrachten Sie die Uhr ganz entspannt und atmen Sie währenddessen tief aus und ein. Was geschieht? Der Sand läuft … und mit ihm die Zeit. Betrachten Sie die Uhr noch eine Zeit lang aufmerksam und legen Sie sie dann zur Seite. Was geschieht?

Eine Minute lang die Zeit einmal anders sehen

Wie wäre es, wenn Sie sich eine Minute täglich bewusst auf die Hausarbeit konzentrieren würden? Ja, nur **eine** Minute! Das ist die Grundlage des Kaizen – ein japanischer Begriff, den man mit »Veränderung zum Besseren« oder »kontinuierlicher Verbesserungsprozess« wiedergeben könnte. In Japan wird Kaizen seit etwa 60 Jahren als Managementmethode genutzt, um die Arbeitsqualität zu verbessern und dauerhafte Veränderungen in Gang zu bringen. Das Prinzip ist bestechend einfach: Statt sich für ein umfassendes, anspruchsvolles Programm zu verpflichten, das einen beträchtlichen persönlichen Einsatz erfordert, beginnt man mit ganz kleinen, sehr kurzen Handlungen – eine bis fünfzehn Minuten lang –, die mit sehr wenig Mühe verbunden sind.

Einige Vorteile des Kaizen:

- Durch kurzfristige, leicht erreichbare Ziele können wir unsere unbewussten inneren Widerstände gegen Veränderungen überwinden.
- Kaizen ermöglicht es, nicht in die Falle des »Guter-Entschluss-Effekts« zu tappen, bei dem gute Entschlüsse letztlich – manchmal sogar sehr schnell – den Zwängen des Alltags weichen müssen …
- Kaizen bringt Selbstvertrauen zurück, denn Kaizen vermeidet Niederlagen und nicht zu Ende gebrachte Vorhaben und damit auch Schuldgefühle, Selbsterniedrigung und Scham, die die Niederlagen wegen vermeintlicher »Unfähigkeit« nach sich ziehen.
- Kaizen lehrt uns, an dauerhaftem Erfolg Geschmack zu finden: Jede kleine Handlung, die ganz bewusst ausgeführt wird, ist stets eine Quelle der Zufriedenheit und der Freude über eine gut vollbrachte Arbeit.

Beantworten Sie folgende Frage: »Wenn ich morgen eine Minute zur freien Verfügung hätte, was würde ich tun?« Kreuzen Sie das entsprechende Feld an.

1. Ich würde es nicht einmal merken. ❐
2. Ich würde die Augen schließen und atmen. ❐
3. Ich würde mich umgehend auf die Erledigung der Post stürzen, mit der ich im Rückstand bin. ❐
4. Ich würde innehalten und gar nichts tun. ❐
5. Ich wäre völlig orientierungslos und durcheinander. ❐
6. Ich würde ein bisschen im Internet surfen. ❐
7. Ich würde die Gelegenheit nutzen und meine geistige Anspannung lösen, indem ich in den Himmel blicke. ❐
8. Ich würde einen Freund anrufen, um ihm zu sagen, dass ich ihn anrufen werde. ❐
9. Ich wüsste nicht, wie ich morgen eine freie Minute für mich haben könnte. ❐

2, 4, 7: Sie sind in der Lage, landschaftlich schöne Wege einzuschlagen, um das Leben zu genießen.
3, 6, 8: Sie nehmen lieber einen Autobahnabschnitt, um Zeit zu gewinnen. Legen Sie hin und wieder einen Halt ein.
1, 5, 9: Sie fahren viel zu schnell! Wenn Sie den Fuß nicht vom Gas nehmen, riskieren Sie einen Unfall.

Bereiten Sie Ihre »Kaizen-Minuten« vor, indem Sie Folgendes auflisten: 1. Pflichtaktivitäten, die Sie aus Zeitmangel schleifen lassen; 2. Pflichtaktivitäten, die Sie unaufhörlich aufschieben, weil Ihnen der Mut fehlt; 3. angenehme private Aktivitäten, die Sie aus Zeitmangel aufschieben; 4. Aktivitäten, die Sie schon immer ausüben wollten, an die Sie sich bislang aber nie herangewagt haben:

1. Was ich tun sollte, aber schleifen lasse:

....

....

....

....

2. Was ich zwar tun sollte, wozu ich aber nicht den Mut finde:

....

....

....

....

3. Was ich tun will, wozu mir aber die Zeit fehlt:

....

....

....

....

4. Was ich schon immer tun wollte, aber nie gewagt habe:

....

....

....

....

➢ Meine Kaizen-Minute

Um Kaizen auszuprobieren, wählen Sie eine (einzige) Aktivität aus Ihrer Liste Nummer 1 aus (Was ich tun sollte, aber schleifen lasse), die Sie sechs Tage lang jeweils ein (oder zwei) Minuten ausüben könnten (der Sonntag ist frei!):

....

Wählen Sie auf dem Stundenplan unten eine Uhrzeit zum täglichen Ausüben dieser Aktivität aus. Nehmen Sie einen Buntstift und ziehen Sie einen Strich, der Ihre Kaizen-Minute darstellt. Damit diese Methode wirksam ist, sollten Sie für dieselbe Aktivität am besten immer dieselbe Uhrzeit wählen. Beschließen Sie zum Beispiel, morgens um 7.45 Uhr in der Küche eine Minute Kaizen zu üben, und richten Sie es so ein, dass Sie es *jeden Tag* um 7.45 Uhr tun.

	Montag	Dienstag	Mittwoch	Donnerstag	Freitag	Samstag
7.00 Uhr						
8.00 Uhr						
9.00 Uhr						
10.00 Uhr						
11.00 Uhr						
12.00 Uhr						
13.00 Uhr						
14.00 Uhr						
15.00 Uhr						
16.00 Uhr						
17.00 Uhr						
18.00 Uhr						
19.00 Uhr						
20.00 Uhr						
21.00 Uhr						
22.00 Uhr						
23.00 Uhr						

Wenn Sie dieses Experiment gemacht haben, beginnen Sie eine zweite Woche mit einer Aktivität aus Liste 2 (Was ich zwar tun sollte, wozu ich aber nicht den Mut finde).

Meine Kaizen-Aktivität der zweiten Woche: ....

Ziehen Sie mit einem andersfarbigen Buntstift einen neuen Strich auf der Seite mit dem Stundenplan (er entspricht also Ihrer Kaizen-Minute der Woche 2).

Machen Sie nun das Experiment in der dritten Woche mit einer Aktivität aus Liste 3 (Was ich tun will, wozu mir aber die Zeit fehlt).

Meine Kaizen-Aktivität der dritten Woche: ....

Ziehen Sie mit dem Buntstift einer dritten Farbe einen Strich auf der Stundenplan-Seite.

Machen Sie das Experiment in der vierten Woche mit einer Aktivität aus Liste 4 (Was ich schon immer tun wollte, aber nie gewagt habe).

Meine Kaizen-Aktivität der vierten Woche: ....

Ziehen Sie mit dem Buntstift einer anderen Farbe einen Strich auf der Stundenplan-Seite.

Haben Sie sich an dieses Programm gehalten? Bravo! Schreiben Sie Ihre Schlussfolgerungen hier auf:

....

....

....

Wenn Kaizen Ihnen liegt und Sie diese Methode, »seine Zeit gut zu leben«, anwenden wollen, nehmen Sie Ihre Aktivitätenlisten von S. 28 noch einmal zur Hand und wählen Sie die Aktivitäten, die Sie möglichst regelmäßig ausüben wollen. Nun brauchen Sie nur noch zu entscheiden, wie viel Zeit Sie den Aktivitäten widmen wollen: 1 Minute, 2 Minuten, 5 Minuten? Aber nicht mehr als 15 Minuten …

☛ Wenn Sie nicht die Zeit finden, Kaizen wenigstens einmal auszuprobieren, überlasse ich es Ihnen, Ihre Schlussfolgerungen aufzuschreiben …

Falls Ihnen überhaupt nichts einfällt, wie Sie Kaizen ausprobieren könnten, dann widmen Sie eine Minute pro Tag diesem Labyrinth: Durchlaufen Sie es mit der Spitze eines Buntstifts.

Die »Slow«-Bewegung: Was ist das?

Die »langsame Revolution« wurde 1986 mit **Slow Food** ins Leben gerufen: Um gegen die Macht und den zunehmenden Einfluss von MacDonald's anzugehen, kämpfte eine ökologische Vereinigung in Italien dafür, dass die Menschen wieder zur biologischen Ernährung zurückfänden, ausschließlich mit lokalen Produkten, einer einfachen, aber qualitativ hochwertigen Küche und ... einer langsamen Art zu essen! In wenigen Jahren wurde diese Devise von Tausenden Anhängern eines gesunden Lebens praktiziert. 1999 breitete sich die Bewegung unter der Bezeichnung »Cittàslow« (»langsame Stadt«) aus und umfasst heute beinahe 150 Gemeinschaften in etwa 20 Ländern. Alle Gemeinschaften halten sich an annähernd 70 Richtlinien: Lärm und Verkehr reduzieren, Lebensqualität und eine saubere Umwelt bewahren, die lokale Gastronomie und Gastlichkeit aufwerten ... Die Slow-Life-Bewegung wiederum wurde, wie es heißt, aus der Notwendigkeit heraus geboren: Während wir seit etwa 20 Jahren auf die Frage, wie man mit Zeitmangel umgehen solle, die Antwort erhalten: »Werde noch schneller!«, sind einige zur Rebellion übergegangen. So hält zum Beispiel in Österreich der Verein zur Verzögerung der Zeit (www.zeitverein.com) jedes Jahr ein Symposium über eine »respektvollere Art zu leben« ab, die darauf basiert, dass jedem die Möglichkeit gegeben ist, Widerstand gegen die Schnelllebigkeit zu leisten. In den Vereinigten Staaten beteiligen sich jährlich Tausende

Aktivisten, die sich für ein weniger stressiges Leben einsetzen, am Aktionstag »Take Back Your Time« und besuchen Seminare, die sich mit den verheerenden Folgen der Überanstrengung befassen. In Anbetracht der weltweiten Ausbreitung der »Slow«-Bewegung handelt es sich durchaus nicht um eine vorübergehende Mode!

Sie selbst nehmen gerade daran teil ...

III. Nehmen Sie sich die Zeit … langsamer zu werden!

25 kleine Schritte, damit Sie lernen, die Dinge langsamer anzugehen

Erleben Sie in Ihrem eigenen Rhythmus all diese kleinen Etappen, um wieder zu einem menschlicheren Rhythmus zurückzufinden.

1. Verlangsamen Sie Ihre Gesten.
2. Bleiben Sie im Bett liegen.
3. Brechen Sie 10 Minuten zu früh auf.
4. Tun Sie nicht mehrere Dinge auf einmal.
5. Hören Sie auf Ihre »innere Uhr«.
6. Vergessen Sie Ihre Uhr.
7. Schalten Sie den Fernseher aus.
8. Verurteilen Sie Ihren Fernseher zur Sklaverei.
9. Nehmen Sie ein Bad.
10. Gehen Sie ein bisschen spazieren.
11. Gehen Sie nicht einkaufen.
12. Hören Sie anderen zu.
13. Gönnen Sie sich Pausen.
14. Nehmen Sie den Geschmack Ihres Essens wirklich wahr.
15. Tun Sie gar nichts …
16. Schaffen Sie ein Ritual.
17. Durchbrechen Sie die Routine.
18. Atmen Sie.
19. Bitten Sie um Hilfe.
20. Gönnen Sie sich eine Massage.
21. Schaffen Sie sich Ihren heiligen Raum.
22. Schalten Sie Ihr Handy aus.
23. Ziehen Sie sich zurück – schließen Sie sich ein.
24. Halten Sie Mittagsschlaf.
25. Pflanzen Sie einen Garten.

Bereiten Sie diesen kleinen Ausflug vor, indem Sie alle Fußstapfen bunt ausmalen.

1. Verlangsamen Sie Ihre Gesten

Um zu lernen, langsamer zu werden, gibt es nichts Besseres, als körperlich die positiven Auswirkungen der Entschleunigung zu spüren, und zwar mit der »Honigtopf-Übung«. Wählen Sie eine tägliche Handlung aus, die Sie gewöhnlich schnell oder routinemäßig erledigen:

- Tee zubereiten
- Duschen
- Zähne putzen
- Geschirr spülen
- Gemüse schälen

- ....
- ....
- ....
- ....
- ....

Meine Auswahl: ....

Wenn Sie bereit sind, atmen Sie langsam und tief ein und aus und verlangsamen Sie all Ihre Bewegungen extrem. Konzentrieren Sie sich auf Ihre Haltung, auf jede Ihrer Gesten, den Gegenstand, den Sie gerade benutzen, die physische Empfindung, wenn Sie ihn berühren … Um noch langsamer zu werden, stellen Sie sich vor, Sie wären in einen *riesigen Honigtopf* eingetaucht.

Ich habe dieses Experiment am .... gemacht.

Ich würde es gerne wiederholen ❐

Ich möchte es nicht wiederholen ❐

2. Bleiben Sie im Bett liegen

2 oder 3 Minuten genügen … Kommen Sie langsam zu sich, während Sie die Augen geschlossen halten und tief atmen. Reiben Sie sanft Ihr Gesicht, streichen Sie über die Decke, kneten Sie das Kopfkissen, strecken Sie sich. Lassen Sie sich Zeit, aufzuwachen. Es geht nicht darum, lange auszuschlafen, sondern Sie sollen nur ein bisschen warten – ohne schlechtes Gewissen! Diese drei Minuten geben Ihnen die Möglichkeit, wieder Kontakt mit Ihrem Körper aufzunehmen, Ihre Umgebung bewusst wahrzunehmen, zu warten, bis Träume sich verflüchtigen, oder aber über sie nachzudenken. Öffnen Sie die Augen erst, wenn Sie wirklich das Gefühl haben, zum Aufstehen bereit zu sein. Wenn Sie meinen, Sie hätten nicht genügend Zeit zum Liegenbleiben, dann stellen Sie den Wecker um drei Minuten vor. Das Aufwachen ist der erste Moment, den man wirklich mit sich selbst verbringen kann. Das ist weder »nichts tun« noch »Zeit verlieren«: Sie werden schon bald feststellen, dass alle Tage, die mit diesen 3 Minuten für Sie selbst beginnen, eine andere Grundstimmung haben als diejenigen, bei denen Sie direkt von null auf 100 beschleunigen. Springen Sie also nicht mehr überstürzt aus dem Bett und sorgen Sie dafür, dass diese Rückkehr ins wirkliche Leben zu einer guten Gewohnheit wird.

Ich habe dieses Experiment am .... gemacht.

Ich würde es gerne wiederholen ☐

Ich möchte es nicht wiederholen ☐

»Zeit **ist Geld**.«
Für Sie ist das

- eine Redensart ❐
- ein Aberglaube ❐

3. Brechen Sie 10 Minuten zu früh auf

Ganz gleich, zu welcher Verabredung oder welchem Ort Sie sich aufmachen, sei es allein oder mit der Familie: Gehen Sie *immer* 10 Minuten zu früh los. Auf diese Weise vermeiden Sie ein erhebliches Maß an Stress und können auch einer Verspätung auf der Straße oder in öffentlichen Verkehrsmitteln vorbeugen, falls es dazu kommen sollte. Sie haben gute Gründe, Geschmack an dieser positiven Gewohnheit zu finden: Sie wissen dann, dass Sie bei der Ankunft 10 Minuten für sich selbst haben werden, in denen Sie entweder an gar nichts denken oder nachdenken, atmen, beobachten, zur Ruhe kommen, wieder zu sich selbst zurückfinden können. Probieren Sie dieses Abenteuer mindestens einen ganzen Tag lang aus, und Sie werden bemerken, dass Ihr geistiger Zustand sich unmittelbar verändert. Diese 10 Minuten des Zu-früh-Kommens sind nicht »10 verlorene Minuten«, sondern 10 Minuten, in denen Sie sich wohlfühlen können …

Ich habe dieses Experiment am .... gemacht.

Ich würde es gerne wiederholen ❐

Ich möchte es nicht wiederholen ❐

4. Tun Sie nicht mehrere Dinge auf einmal

»Wenn du gehst, geh einfach nur. Wenn du sitzt, dann sitz einfach nur«, antwortete der Zen-Meister Ummon (chin. Yunmen) einem Schüler, der ihn gefragt hatte, wie er im Einklang mit sich sein könne.

Lassen Sie einen ganzen Tag lang alle alten Prinzipien des Zeitmanagements aus den Achtzigern, die auf Leistung beruhen, fallen und nehmen Sie den gegenwärtigen Moment bewusst wahr: Lesen Sie nicht in der Badewanne, sehen Sie nicht fern, wenn Sie essen, hören Sie nicht die Nachrichten beim Putzen, beginnen Sie kein Telefonat beim Kochen, spielen Sie im Bus nicht mit Ihrem Smartphone … Seien Sie einfach präsent und nehmen Sie sich und die anderen wahr.

Einfach, klar, wirkungsvoll … und doch sehr viel schwieriger in die Tat umzusetzen, als man denkt!

Ich habe dieses Experiment am .... gemacht.

Ich würde es gerne wiederholen ❒

Ich möchte es nicht wiederholen ❒

5. Hören Sie auf Ihre »innere Uhr«

Um das Gespür dafür wiederzuerlangen, wie die Zeit vergeht, setzen Sie sich auf einen bequemen Stuhl, gegenüber einer Wanduhr, einem Wecker oder einer kleinen Uhr. Sie brauchen sich nicht zu entspannen, zu meditieren oder wie auch immer körperlich zu bemühen. Versuchen Sie lediglich, den Rücken aufzurichten. Sehen Sie nach der Uhrzeit und schließen Sie die Augen. Halten Sie sie fünf Minuten lang geschlossen. Denken Sie einfach an den gegenwärtigen Augenblick, lassen Sie das »Hier und Jetzt«, das Ihnen allein gehört, in Ihr Bewusstsein dringen. Atmen Sie währenddessen ruhig und gleichmäßig. Wenn Sie meinen, die 5 Minuten seien um, öffnen Sie die Augen und sehen Sie nach, wie spät es ist.
Wenn Sie die Augen weniger als 4 Minuten geschlossen hatten, ist Ihr persönlicher Rhythmus schneller als der auf der Uhr. Haben Sie die Augen erst nach mehr als 6 Minuten geöffnet, ist Ihr Rhythmus langsamer. Es gibt keinen »guten« oder »schlechten« Rhythmus, sondern lediglich einen persönlichen Rhythmus, der langsamer oder schneller ist als das Tempo der sozialen Zeit und den man sich einfach einmal bewusst machen sollte.

Ich habe dieses Experiment am .... gemacht.

Ich würde es gerne wiederholen ❐

Ich möchte es nicht wiederholen ❐

6. Vergessen Sie Ihre Uhr

Befreien Sie sich von einer Fessel: Ihrer Uhr! Dieses kleine Nutzobjekt ist eines der großen Symbole unserer Gesellschaft – in solchem Maße, dass es in den Achtziger und Neunzigerjahren fast genauso absonderlich war, keine Uhr zu tragen, wie ohne Schuhe herumzulaufen … Die Armbanduhr verknüpft uns zu stark mit der Arbeitszeit, dem Luxus, dem gesellschaftlichen Erfolg. Und sie dient im Allgemeinen nicht dazu, die Uhrzeit abzulesen, sondern auszurechnen, wie viel Zeit uns noch bleibt!

Und dennoch: Ohne Uhr zu leben ist möglich! Es genügt, auf Ihr Handy zu blicken, wenn Sie wissen wollen, wie spät es ist. Das Fehlen von Zeigern hat sogar einen Vorteil: Wir müssen die Uhrzeit wirklich lesen, was eine weiter gefasste Perspektive in Bezug auf die Zeit ergibt als ein einfacher Blick auf die noch verbleibende Zeit …

Vergessen Sie an einem Morgen einmal absichtlich Ihre Uhr. Bestimmt wird Sie einen Moment lang Panik erfassen, so als müssten Sie ohne Kompass und Überlebensausrüstung in den Dschungel aufbrechen. Indem Sie sich von dieser Fessel befreien, sollten Sie allmählich Ihr Gespür für das Verstreichen der Zeit wiederfinden – selbst wenn Sie es manchmal vergessen müssen, um nicht mehr zu sehen, wie die Zeit vergeht.

Ich habe dieses Experiment am .... gemacht.

Ich würde es gerne wiederholen ☐

Ich möchte es nicht wiederholen ☐

7. Schalten Sie den Fernseher aus

Es ist einer der großen Ratschläge aller Experten für Kindererziehung: Schalten Sie den Fernseher aus - bei den Mahlzeiten, den Hausaufgaben und wenn Besuch kommt. Verwenden Sie ihn vor allem nicht als Geräuschkulisse! Warum sollte das, was für Kinder selbstverständlich ist, nicht auch für Sie gelten, die Sie laut Statistik fast fünf Stunden täglich vor der Flimmerkiste sitzen? Verbringen Sie hin und wieder einen ganzen Abend ohne Fernsehen!

Um zu vermeiden, dass Sie dann in ein Loch fallen, gehen Sie schrittweise vor:

- Planen Sie diesen Abend in maximal 3 Tagen ein.
- Stellen Sie sich diese Frage: »Was fange ich mit dieser Freizeit an?« (Sie haben das Recht, alles zu tun - auch »nichts zu tun« oder eine Stunde lang in der Wanne zu liegen. Versuchen Sie aber nicht, den Abend um jeden Preis auszufüllen.

Was ich tun will:

....

....

....

- Wenn der betreffende Abend anbricht, setzen Sie sich vor den eingeschalteten Fernseher. Schalten Sie ihn aus und lauschen Sie mindestens 3 Minuten der Stille …

Ich habe dieses Experiment am .... gemacht.

Ich würde es gerne wiederholen ❒

Ich möchte es nicht wiederholen ❒

8. Verurteilen Sie Ihren Fernseher zur Sklaverei

Außer den Fernseher ein für alle Mal loszuwerden, gibt es nur einen einzigen Weg, sich nicht von ihm versklaven zu lassen: ihn selbst zum Sklaven machen! Und das heißt: ihn kontrollieren! Das Geheimnis: Legen Sie das Wochenprogramm im Voraus fest. Die ganze Aktion ist schnell erledigt - es genügt, eine Fernsehzeitschrift oder eine Internet-Programmvorschau zu Rate zu ziehen und eine Wahl zu treffen. Halten Sie alle Sendungen, die Sie interessieren, und Filme, die Sie nicht verpassen wollen, schriftlich fest. Das gibt Ihnen zunächst eine solide Grundlage, mit der Sie sich an die von Ihnen getroffene Auswahl halten und anschließend die Anzahl der Stunden, die Sie jede Woche vor dem Fernseher zubringen, ausrechnen können. Das könnte allerdings zu Überraschungen führen … Das Planen des Programms kann allein, aber auch in der Familie stattfinden: Ihren Kindern beibringen, sich zu entscheiden und sich folglich bewusst zu machen, wie viel Zeit sie vor dem Fernseher verbringen, ist alles andere als eine schlechte Initiative.

Ich habe dieses Experiment am .... gemacht.

Ich würde es gerne wiederholen ❒

Ich möchte es nicht wiederholen ❒

Entspannungsbad mit ätherischen Ölen

In einem Teelöffel Olivenöl oder neutralem Badeöl werden aufgelöst:

8 Tropfen äther. Öl »Bitterorange« *(Citrus aurantium ssp amara)*
8 Tropfen äther. Öl »Süßorange« *(Öl, Citrus sinensis)*

9. Nehmen Sie ein Bad

Natürlich ist duschen morgens praktischer, schneller, gut für die Blutzirkulation … und umweltschonender! Dennoch: Ein richtiges Bad, schön warm, ist ein Genuss, der eine unvergleichliche Entspannung verschafft und uns wirklich für den Tag stärken kann. Wenn Ihnen das unmöglich erscheint, bestimmen Sie eine Stunde wöchentlich für ein »Morgenbad« – das nicht dieselbe Wirkung hat wie ein »Abendbad«.
Meiden Sie industrielle Badezusätze und Luxusmarken, die nicht unbedingt »gesünder« sind, sondern mitunter preisliche Höhen erreichen, die ebenso übertrieben wie unnötig sind. Schaffen Sie Ihr persönliches Zeremoniell, um langsamer zu werden und den gegenwärtigen Moment bewusst wahrzunehmen: Werfen Sie vier oder fünf große Handvoll grobes Meersalz ins Wasser; es wirkt ungemein entspannend auf die Muskulatur! Fügen Sie einige Tropfen ätherische Öle hinzu (siehe Rezept oben). Dämpfen Sie das Licht, machen Sie leise Musik an, wenn Sie wollen, und lassen Sie sich mindestens eine halbe Stunde lang einfach gehen.

Ich habe dieses Experiment am .... gemacht.

Ich würde es gerne wiederholen ❐

Ich möchte es nicht wiederholen ❐

10. Gehen Sie ein bisschen spazieren

Sie fühlen sich bedrückt, hin und her gerissen zwischen 1000 Ideen, über die Sie den Überblick verloren haben … Nehmen Sie sich etwa 20 Minuten Zeit für einen schönen Spaziergang, egal wo Sie sind, und auch dann, wenn Ihnen nichts anderes übrigbleibt, als im Viertel herumzulaufen. Gehen Sie mit festem Schritt, weder zu schnell noch zu langsam. Konzentrieren Sie sich zunächst zwei bis drei Minuten auf Ihren Atem: Atmen Sie langsam und so tief wie möglich aus und ein; entspannen Sie dabei das Zwerchfell. Dieser »körperliche« Teil, insbesondere das Atmen, gibt Ihnen die Möglichkeit, manche innere Anspannung zu lösen. Blicken Sie anschließend, während Sie weiterspazieren, aufmerksam um sich und betrachten Sie die Einzelheiten Ihrer Umgebung, als entdeckten Sie das Viertel zum ersten Mal – oder machen Sie es wie bei einem Museumsbesuch … Allmählich werden Sie spüren, wie Sie immer mehr zur Ruhe kommen.

Falls Sie es als schwierig empfinden, den Kopf zu »leeren« – selbst dann, wenn Sie sich aufmerksam umschauen –, hier ein kleiner Trick: Nehmen Sie immer drei kleine Kastanien in der Tasche mit und rollen Sie sie beim Gehen in der Hand hin und her, etwa zehn Minuten lang. Es ist erstaunlich, wie entspannend das ist – körperlich und geistig!

Ich habe dieses Experiment am .... gemacht.

Ich würde es gerne wiederholen ❐

Ich möchte es nicht wiederholen ❐

11. Gehen Sie nicht einkaufen

»Wie wäre es, wenn Sie einmal einfach nur mit dem zurechtkämen, was Sie schon haben?« Stellen Sie sich vor, wie Sie diese gute Nachricht Ihrer Familie überbringen … Genau das ist heutzutage für viele Familien aus finanziellen Gründen der ganz normale Alltag. Während dieses kurzen Pausierens von der Zeit des Konsumierens können Sie Stress und Geld sparen und dabei Schränke, Kühlschrank und Tiefkühltruhe von allem leer räumen, was noch darin herumliegt. Wenn Sie Familie haben, präsentieren Sie die ganze Aktion als Spiel: Machen Sie eine Bestandsaufnahme all dessen, was übrig ist, und werden Sie kreativ, indem Sie Ideen entwickeln, wie Sie das, was Sie haben, sinnvoll nutzen können. Natürlich läuft auch diese Form des Auswählens den Regeln des Konsums zuwider, ebenso wie nicht fernzusehen. Aber wer sagt denn, dass Sie verpflichtet sind, die Regeln des Konsums zu befolgen?

Ich habe dieses Experiment am .... gemacht.

Ich würde es gerne wiederholen ☐

Ich möchte es nicht wiederholen ☐

Wenn Sie »gar nichts« mehr haben, Ihnen aber noch Reis, eine Zwiebel, drei Möhren, Lauch und ein Stück Sellerie bleiben, versuchen Sie es doch einmal mit folgender *Genmai*-Variante, die in japanischen Tempeln nach dem morgendlichen Zazen serviert wird. Energetisch ist dieses Reisgericht ganz ausgezeichnet für die Gesundheit:

- Den Reis waschen und eine Stunde quellen lassen.
- Gemüse in kleine Würfel schneiden.
- In einem großen Topf 1,25 Liter Wasser zum Kochen bringen. 150 Gramm Reis hineingeben (runder Vollkornreis, falls Sie welchen haben) und auf kleiner Flamme köcheln lassen, bis die Körner aufgegangen sind.
- Gemüse hinzugeben. Wenn das Wasser wieder kocht, die Hitze reduzieren und das Ganze eine Stunde lang garen lassen.
- Ruhen lassen. Sie können diesen *Genmai* mit Shoju (Sojasoße) würzen.

12. Hören Sie anderen zu

Nur wenige haben heutzutage die Fähigkeit, anderen wirklich zuzuhören. Könnten Sie einen ganzen Tag lang anderen zuhören, statt ihnen selbst etwas mitzuteilen? Probieren Sie es einmal aus. Seien Sie in Ihren Gesprächen präsent, aufmerksam und aufnahmebereit, vergessen Sie Ihre eigenen Sorgen, vergessen Sie sich selbst, antworten Sie nur dann, wenn Sie gefragt werden. Und was immer Sie darüber denken: Anderen zuzuhören ist auch die beste Art zu lernen, selbst zu denken … Und rufen Sie sich hin und wieder ins Gedächtnis: »Reden ist Silber, Schweigen ist Gold.«

Ich habe dieses Experiment am .... gemacht.

Ich würde es gerne wiederholen ❒

Ich möchte es nicht wiederholen ❒

Das Geheimnis des »aktiven Zuhörens«:

- Wenden Sie sich körperlich der Person zu, die mit Ihnen spricht, blicken Sie sie aufmerksam an und seien Sie in Ihrer Haltung entspannt (aber nicht schlaff!).
- Lassen Sie sie ausreden und unterbrechen Sie sie nicht. *Antworten Sie nur, wenn Ihr Gegenüber Sie darum bittet.*
- Begnügen Sie sich damit, alles, was die betreffende Person Ihnen sagt, einfach anzuhören, ohne es zu bewerten und auch nur die kleinste Äußerung zu interpretieren.
- Wenn die Person wirklich beträchtlichen Blödsinn von sich gibt, bemühen Sie sich um Gelassenheit: Hüten Sie sich vor unwillkürlichen Reaktionen, Gebärden und Grimassen, Kopfschütteln … (stellen Sie sich vor, Sie wären ein Zen-Mönch, falls Ihnen das hilft!). Vermeiden Sie auch hämisches Grinsen …
- Sagen Sie gar nichts und halten Sie sich auch mit Gesten zurück, wenn Ihr Gegenüber schweigt. Dadurch geben Sie Ihrem Gesprächspartner die Möglichkeit, sich zu besinnen und seine Ausführungen fortzusetzen …

13. Gönnen Sie sich Pausen

Über der Arbeit brüten, die man sich nach Hause mitgenommen hat, sich dahinterklemmen, dass Mahlzeiten gekocht, Hausaufgaben gemacht, der Haushalt und die Bügelwäsche erledigt werden, nicht zu vergessen berufliche Termine, Telefonate verzweifelter Freundinnen, Fahrdienste für die Kinder, Familienkonflikte und Mails, die sich ansammeln … Diese Vervielfachung der Aktivitäten erfordert, dass Sie sich Pausen zugestehen. Lernen Sie, nach jeder Aktivität mindestens drei Minuten innezuhalten, um zu atmen und den Kopf zu »leeren«. Dadurch können Sie auch Ihr Verhältnis zur Zeit verändern.

Gewöhnen Sie sich folgende automatische Handlung an:
»Ich habe gerade meinen Sohn zur Schule gebracht. Jetzt gönne ich mir drei Minuten Verschnaufpause.«
»Ich habe gerade den Hörer aufgelegt. Ich gestehe mir drei Minuten zu, in denen ich mich hinsetze und an nichts denke.«
»Ich bin soeben mit dem Bügeln fertig geworden. Ich schenke mir fünf Minuten, um den Himmel zu beobachten.«
»Ich habe die Kinder ins Bett gebracht. Ich gönne mir eine Viertelstunde Nichtstun.«

Vervollständigen Sie diese Liste »guter Gründe« für eine Pause:

- ....
- ....
- ....
- ....

Ich habe dieses Experiment am .... gemacht.

Ich würde es gerne wiederholen ❐

Ich möchte es nicht wiederholen ❐

14. Nehmen Sie den Geschmack Ihres Essens wirklich wahr

Wussten Sie, dass die Kommunikation zwischen unserem Magen und unserem Gehirn viel langsamer ist, als man gemeinhin denkt? Es dauert 30 bis 40 Minuten, bis bestimmte Hormone, die für die Sättigung zuständig sind (wie Leptin), freigesetzt werden und eine Nachricht ans Gehirn senden, die dann das Gefühl der Sättigung auslöst. Sie sollten deswegen langsam essen, mit kleinen Happen. Betrachten Sie das, was Sie essen, aufmerksam. Kauen Sie jeden Bissen, als würden Sie das Gericht zum allerersten Mal probieren. Legen Sie das Besteck von Zeit zu Zeit ab. Stürzen Sie sich nicht mit dem Kopf voran auf den Teller, um den Inhalt Ihrer Gabel in sich hineinzuschlingen (wie Gänse Ihr Futter aus dem Trog), sondern setzen Sie sich gerade hin, mit aufrechtem Rücken, Kopf hoch, und führen Sie die Gabel ruhig zum Mund. Alles in allem: Essen Sie in Ruhe und … ausgiebig! Eine Mahlzeit sollte mindestens eine halbe Stunde dauern. Mithilfe dieser Übung werden Sie nicht nur des gegenwärtigen Augenblicks gewahr, sondern können auch leichter die Signale der Sättigung wahrnehmen. Sie essen also weniger!

Ich habe dieses Experiment am .... gemacht.

Ich würde es gerne wiederholen ❐

Ich möchte es nicht wiederholen ❐

»Ruhig sitzen, nichts tun …
Der Frühling kommt, das Gras wächst von selbst.«
Zen-Spruch

15. Tun Sie gar nichts …

Ist für Sie »freie Zeit« gleichbedeutend mit »toter Zeit«? Falls ja, haben Sie wahrscheinlich immer, wenn Sie nicht aktiv sind, das Gefühl, ein Stück Ihres Lebens zu verlieren. Darum ist Zeit verlieren für manche Menschen gleichbedeutend mit Leben verlieren … Bei manchen kann »nichts tun« sogar maßlose Angst hervorrufen – umso mehr, als ein solches Verhalten nicht gern gesehen wird, weil es nicht produktiv ist. Dennoch: Wir alle brauchen hin und wieder eine Pause, ein »psychisches Brachliegen«, eine »Beurlaubung« des Geistes, in der wir aus dem rastlosen Lebensrhythmus ausbrechen und den Sinn unseres eigenen Lebens wiederfinden können.
»Nichts tun« ist etwas anderes als »sich Zeit für sich selbst nehmen«, einer eher aktiven Haltung. Beim Nichtstun sitzt man allenfalls auf der Terrasse eines Cafés, eine Tasse Tee in der Hand, und wartet. Worauf? Auf nichts!
Zögern Sie nicht länger: Halten Sie ab und zu inne. Setzen Sie sich in eine ruhige Ecke in der Küche, auf eine Parkbank oder legen Sie sich aufs Bett und blicken Sie an die Decke. Erleben Sie den gegenwärtigen Moment und sagen Sie sich dabei: »Ich tue nichts.« Das ist Ihr gutes Recht!

Ich habe dieses Experiment am .... gemacht.

Ich würde es gerne wiederholen ❐

Ich möchte es nicht wiederholen ❐

Falls Sie es wirklich nicht schaffen, nichts zu tun, kopieren Sie hier den obigen Zen-Spruch mit Buntstiften, indem Sie ihn verkehrt herum und von rechts nach links schreiben.

....

....

....

16. Schaffen Sie ein Ritual

Ein Ritual, das ist ein kleiner zeitlicher Halt, den Sie leicht in Ihr Leben einbauen können: Jeden Morgen zehn Minuten meditieren, täglich um 16 Uhr eine Teepause machen, eine Kerze anzünden und eine stille Minute dem Weltfrieden widmen, einmal wöchentlich einen kleinen Blumenstrauß für die Engel auf eine Ecke des Kamins legen, jeden Donnerstagabend im Kreis der Familie eine Geschichte lesen, jede Familienmahlzeit mit dem »Zitat des Tages« beginnen, das rundum ausgesucht wird … Es ist nicht so wichtig, für welches Ritual Sie sich entscheiden, vorausgesetzt, es wird nicht »mal eben auf die Schnelle« durchgeführt, so wie man sich hastig auf ein Medikament stürzt, das man beinahe vergessen hätte. Um seine Funktion zu erfüllen, muss ein Ritual im vollen Bewusstsein des »Hier und Jetzt« stattfinden.

Mein Ritual:

....

....

Ich habe dieses Experiment am .... gemacht.

Ich würde es gerne wiederholen ❐

Ich möchte es nicht wiederholen ❐

Rituale gibt es schon seit Menschengedenken. Ob weltlich oder religiös, magisch oder mystisch, kollektiv oder persönlich: Sie dienten immer schon dazu, die Zeit durch einen gegenwärtigen heiligen Moment zu akzentuieren. Studien der transpersonalen Psychologie ergaben, dass Rituale eine wichtige Rolle für unser seelisches Gleichgewicht spielen: Durch sie können wir uns gleichzeitig wieder mit uns selbst und dem Ablauf der Zeit in unserem Inneren verbinden und die innere Kraft kanalisieren, die unsere Handlungen effizienter macht.

17. Durchbrechen Sie die Routine

Es gibt nichts Schlimmeres, als unser Leben von Routine bestimmen zu lassen. Gewohnheiten haben in der Tat die merkwürdige Eigenschaft, das Bewusstsein des gegenwärtigen Moments verschwinden zu lassen, den Geist sich in Luft auflösen zu lassen, uns in einem Hamsterrad mitzureißen, das sich immer schneller dreht, und folglich zu bewirken, dass wir den Kontakt zu uns selbst verlieren.

Notieren Sie *fünf tägliche und wöchentliche Aktivitäten, die für Sie zur »Routine« gehören. Es können alle möglichen Aufgaben sein (aber bloß nicht die Momente, die Sie ausgesucht haben, um sich auf sich selbst zu besinnen!):*

1. ....
2. ....
3. ....
4. ....
5. ....

Ersetzen Sie eine Routine-Aktivität durch eine »konzentrierte und bewusste« Aktivität:

Ich ersetze Routine 1 durch ....

Ich ersetze Routine 2 durch ....

Ich ersetze Routine 3 durch ....

Ich ersetze Routine 4 durch ....

Ich ersetze Routine 5 durch ....

Ich habe dieses Experiment am .... gemacht.

Ich würde es gerne wiederholen ❒

Ich möchte es nicht wiederholen ❒

18. Atmen Sie

Wann haben Sie das letzte Mal innegehalten und sich gesagt:

»Jetzt atme ich«? Es war vor ....

Stellen Sie den Personen in Ihrem Umfeld dieselbe Frage. Sie könnten eine Überraschung erleben!
In einer Welt, die so schnelllebig ist, dass man »keine Zeit mehr zum Durchatmen« hat, vergisst man leicht, dass der Atem die Grundlage des Lebens ist. Warten Sie mit der folgenden kleinen Übung also nicht, bis Sie ersticken. Sie ermöglicht es, Körper und Geist wieder zu verbinden, zum gegenwärtigen Augenblick zurückzukehren, Energie und Zeit in sich zirkulieren zu lassen:

- Stellen Sie sich hin, die Beine etwas auseinander und gut im Boden verankert. Lassen Sie die Arme seitlich am Körper herabhängen.
- Beugen Sie leicht die Knie. Der Rücken bleibt dabei aufrecht und der Kopf gerade und gut ausbalanciert. Finden Sie die Haltung, die Ihnen am angenehmsten ist.
- Atmen Sie so langsam und tief wie möglich acht Sekunden lang durch die Nase ein und anschließend acht Sekunden lang langsam durch den Mund wieder aus. Halten Sie vier Sekunden lang den Atem an.
- Heben Sie beim folgenden Einatmen die Hände leicht an und entfernen Sie sie etwas vom Körper, ohne dabei etwas zu erzwingen. Stellen Sie sich vor, die Hände würden »auf der Luft liegen«. Halten Sie die Hände während des Ausatmens in derselben Position.
- Wiederholen Sie dies noch 6-mal (insgesamt sollten Sie 8-mal atmen) und bleiben Sie dabei so weich wie möglich.

Ich habe dieses Experiment am .... gemacht.

Ich würde es gerne wiederholen ❒

Ich möchte es nicht wiederholen ❒

19. Bitten Sie um Hilfe

»Zu viel zu tun? Delegieren Sie!« Alle Lehrbücher zum Zeitmanagement erklären es uns: Indem man sich von einigen Aufgaben befreit, kann man insgesamt effizienter sein, Stress reduzieren, Zeit gewinnen. Natürlich muss man so eine Entlastung akzeptieren – was nicht für jeden eine Selbstverständlichkeit ist. Denn hier geht es um wesentlich mehr als ums Delegieren, nämlich darum, um Hilfe zu bitten! Das stellt für manch einen unter Umständen eine besonders heikle Herausforderung dar, denn um Freunde, Familienmitglieder oder Nachbarn um eine Hilfeleistung zu bitten oder darum, dass sie eine Arbeit für einen übernehmen, muss man mitunter seinen Stolz hinunterschlucken und Bescheidenheit walten lassen. Sagen Sie sich, dass niemand verpflichtet ist, etwas zu tun, was er oder sie nicht leisten kann! Wenn Sie zum Beispiel nicht wissen, wie man ein elektrisches Gerät anschließt, und nicht die Möglichkeit haben, einen Elektriker zu rufen, dann suchen Sie sich lieber jemanden aus Ihrem persönlichen Umfeld, der Ihnen gerne diesen Gefallen erweist (außer, Sie wollen sich wirklich an elektrische Installationen heranwagen). Hilfe zu erbitten bringt auch einen Vorteil mit sich: Sie schaffen eine Verbindung …

Erstellen Sie eine Liste aller Dinge, die Sie tun sollten, für die Ihnen jedoch die Fachkenntnis, die Zeit oder der Mut fehlen:

....

....

....

....

Ich habe dieses Experiment am .... gemacht.

Ich würde es gerne wiederholen ❒

Ich möchte es nicht wiederholen ❒

20. Gönnen Sie sich eine Massage

Gleichzeitig Kunst, gesunde Lebensweise und Therapie, die seit Anbeginn der Zeiten in 1000 verschiedenen Formen über alle Zivilisationen hinweg bis heute praktiziert wird (außer in der christlichen) – die Tugenden der Massage können gar nicht genug betont werden: Massage bringt Erleichterung bei Rückenbeschwerden und bestimmten Schmerzen, verbessert die Durchblutung und den Lymphfluss, macht die Muskeln geschmeidiger, versorgt Zellen und Haut mit Sauerstoff, eliminiert Giftstoffe, steigert die Energie, kann gegen Schlaflosigkeit wirken … Und als Antistressmethode, die ihre Wirksamkeit nicht mehr unter Beweis stellen muss, steigert die Massage auch das Bewusstsein für den Körper, weckt Gefühle, schärft die Wahrnehmung und ermöglicht es, präsenter für uns selbst zu sein …

Gönnen Sie sich diese zeitliche Pause – ein echtes Geschenk, denn eine einstündige Sitzung ist meistens recht kostspielig – und überantworten Sie sich den Händen eines Masseurs, der sich Zeit nimmt, sich um Sie zu kümmern …

Ich habe dieses Experiment am .... gemacht.

Ich würde es gerne wiederholen ❐

Ich möchte es nicht wiederholen ❐

Bis dahin …

- massieren Sie langsam mit allen 10 Fingerspitzen Ihre Kopfhaut. Beginnen Sie über der Stirn und wandern Sie bis zum Nacken. Atmen Sie tief, während Sie sich massieren.
- Legen Sie dann an beiden Händen Daumen und Zeigefinger aneinander. Drücken Sie 5- oder 6-mal symmetrisch, während Sie die Hände vom Kinn zu den Ohren bewegen.
- Wiederholen Sie diese Bewegung in der Mitte der Wangen, dann im Bereich der unteren Augenhöhlen.
- Machen Sie mehrere Durchgänge und beenden Sie die Massage mit einem leichten Druck auf die Schläfen.

21. Schaffen Sie sich Ihren heiligen Raum

Mehr Menschen, als man denkt, haben verstanden, wie wichtig es ist, sich zu Hause einen kleinen heiligen Raum zu schaffen, wo sie sich wieder mit sich selbst und anderen verbunden fühlen können, während sie einige Minuten bewusst den gegenwärtigen Moment erleben. Die meisten haben sich einen kleinen »persönlichen Altar« eingerichtet – in ihrem Zimmer, auf dem Kaminsims, in einem Badezimmerschrank, neben einem Baum im Garten, in einem Pappkarton, auf einem Couchtisch … –, um sich mit einem tiefen Teil ihrer selbst zu verbinden. Das Kreieren eines Raumes zur Besinnung ermöglicht es nämlich, das Denken und die Aufmerksamkeit sehr schnell zu fokussieren, ins »Hier und Jetzt« einzutreten. Sie brauchen sich aber nicht für eine bestimmte spirituelle Vorgehensweise zu verpflichten, um Ihre eigene zu kreieren: Sie können auch einen »weltlichen« heiligen Raum erfinden, eine kleine Ecke mit Erinnerungen, Familienfotos, kleinen Gegenständen, die Sie auf Reisen gesammelt haben … Einzige Bedingung: Dieser Raum muss begrenzt sein und niemand außer Ihnen darf daran etwas verändern.

Ich habe dieses Experiment am .... gemacht.

Ich würde es gerne wiederholen ❐

Ich möchte es nicht wiederholen ❐

»Handy aus, Geist gelassen.«
Zeitloser Zen-Spruch

22. Schalten Sie Ihr Handy aus

Haben Sie jemals ausprobiert, Ihr Handy einen ganzen Tag lang ausgeschaltet zu lassen? Wahrscheinlich haben Sie schon einmal den Zustand der Panik erlebt, der auf Verlust, Diebstahl oder einen Defekt Ihres Telefons folgt. Wie viele andere können Sie sich nicht vorstellen, ohne Handy zu leben …

Beginnen Sie, indem Sie morgens Ihr Handy erst nach dem Frühstück einschalten, oder dann, wenn Sie zur Arbeit aufbrechen. Wählen Sie anschließend günstige Momente aus, in denen es leichter ist, Ihr Telefon auszuschalten: bei einer wichtigen Arbeit, wenn Sie sich konzentrieren müssen, in einem Moment, wenn Sie wirklich Ruhe brauchen.

Und nun das Ängstliche-Mütter-Spezial: Wenn Sie auch zur Kategorie der hyperbesorgten Mütter gehören, die ihr Kind alle zehn Minuten anrufen, um zu erfahren, ob er oder sie wohlbehalten aus der Schule gekommen ist, erfolgreich den Bus genommen hat, wohlbehalten bei der Klavierstunde, beim Gesangsunterricht oder in der Tanzstunde angelangt ist, von dort gut weggekommen ist, ob alles gut abgelaufen ist, ob sie oder er vereinbarungsgemäß pünktlich nach Hause kommen wird, sicher die Straße überquert hat, ob der Zug schon losgefahren ist, ob alles in Ordnung ist …, dann schließen Sie ein Abkommen mit Ihrem Kind: Legen Sie gemeinsam die genauen Zeitpunkte fest, an denen Sie selbst anrufen, und die Zeiten, wann Ihr Kind Sie anrufen soll.

Ich habe dieses Experiment am .... gemacht.

Ich würde es gerne wiederholen ❐

Ich möchte es nicht wiederholen ❐

23. Ziehen Sie sich zurück - schließen Sie sich ein

Sich den ganzen Tag lang ins »stille Kämmerlein« zurückziehen, ohne irgendjemanden zu sehen: Unrealisierbar? - Nein. Man muss es nur wollen.

Für Alleinstehende ist die Durchführung ziemlich einfach: Es genügt, einen Tag zu Hause einzuplanen, ohne Besucher, Verabredungen, Telefon; oder auch einen Tag, an dem man allein durch den Wald geht. Wenn Sie in einer Beziehung leben oder Familie haben, ist das Unterfangen schon komplizierter, und der Schwierigkeitsgrad hängt davon ab, wie gut die Kommunikation zwischen Ihnen und Ihren Angehörigen ist, also davon, ob diese Ihr Bedürfnis, sich zu isolieren, verstehen und akzeptieren. Nehmen Sie einen Tag für sich, für Ihre Selbstfindung - <u>aber nicht dafür, einen Berg liegen gebliebener Arbeit abzutragen!</u> Lassen Sie es sich gut gehen, <u>ohne irgendetwas im Voraus zu planen:</u> Baden Sie endlos, essen Sie nur das, was Sie mögen, sehen Sie Ihren Lieblingsfilm, denken Sie an die schönen Momente in Ihrem Leben. Lassen Sie den Geist schweifen und <u>übertreiben Sie es nicht - tun Sie nicht zu viel!</u> <u>Nutzen Sie die Gelegenheit, um das Nichtstun zu genießen.</u>

Ich habe dieses Experiment am .... gemacht.

Ich würde es gerne wiederholen ❐

Ich möchte es nicht wiederholen ❐

24. Halten Sie Mittagsschlaf

In einer Gesellschaft, die »Nutzen« und »Rentabilität« in den Vordergrund stellt, gewinnt der Mittagsschlaf allmählich seine Existenzberechtigung zurück. Denn an »Nutzen« mangelt es ihm nicht: Verbesserung der Gedächtnisleistung, bessere Konzentration, Stressminderung, Wiederherstellung der Balance des Nervensystems, gesteigerte Kreativität, neue Energie und Tatkraft, weniger Arbeitsunfälle … und folglich: mehr Leistung! Natürlich ist der Mittagsschlaf in Unternehmen noch nicht verpflichtend – was in Anbetracht seiner positiven Wirkung sehr schade ist. Falls Sie es noch nie gewagt haben, es einmal mit einem schönen, erholsamen Mittagsschlaf zu versuchen, weil sie befürchtet haben, sich lächerlich zu machen oder Zeit zu verlieren, dann sollten Sie wissen: Der Wunsch, nach dem Essen zu schlafen, hängt nicht nur mit der Verdauung zusammen. Vor Kurzem hat man entdeckt, dass es sich um einen biologischen Rhythmus handelt; mit anderen Worten: Mittagsschlaf ist genetisch bedingt! Im Allgemeinen heißt es, ein guter Mittagsschlaf solle 20 Minuten dauern, nicht länger. Es liegt jedoch letztendlich bei Ihnen: Wenn Ihnen 10 Minuten liegen, reicht das. Wenn Sie genügend Zeit haben, um 30 Minuten oder länger zu schlafen und sich damit wohlfühlen, dann ist es eben das, was Sie brauchen.

Ich habe dieses Experiment am .... gemacht.

Ich würde es gerne wiederholen ❐

Ich möchte es nicht wiederholen ❐

»Wer einen Garten pflanzt, pflanzt Glück.«
Chinesisches Sprichwort

25. Pflanzen Sie einen Garten

Gärtner gehören zu den heitersten, zufriedensten Menschen auf Erden … Warum? Weil sie nicht nur für sich selbst gärtnern, sondern für den Garten. Genau hier liegt einer der Schlüssel des Buddhismus: im Sich-selbst-Vergessen, im Zurücktreten des Ego mittels einfacher Verrichtungen und Gesten des Alltags. Gärtnern, diese unmittelbare Verbindung zwischen Mensch und Natur, lässt uns nicht nur innerlich zur Ruhe kommen, sondern wir können dadurch vor allem mit dem kraftvollen Fluss des Lebens in Kontakt treten. Man würde meinen, dass eine solche körperliche Aktivität im Widerspruch zur inneren Ruhe steht. Weit gefehlt: Dadurch, dass man im »Hier und Jetzt« einer Handlung[1] ist, wird es möglich, vollkommen im gegenwärtigen Augenblick aufzugehen. Vergangenheit und Zukunft verblassen und weichen einer »unbeweglichen Zeit«, einem Zustand, in dem die Zeit zum Erliegen kommt. Im Zen wird dies *Hishiryo*-Bewusstsein genannt: ein offenes, weites Bewusstsein, in dem unser Leben und unser Geist zu ihrer wahren Dimension gelangen.

Falls Sie keinen Garten haben, nutzen Sie einfach das, was Ihnen zur Verfügung steht: Ein einfacher Blumenkasten kann ein ganzes Universum in sich tragen …

Ich habe dieses Experiment am .... gemacht.

Ich würde es gerne wiederholen ❒

Ich möchte es nicht wiederholen ❒

1 Das heißt, während wir jede unserer Bewegungen achtsam wahrnehmen, lassen wir uns vom Fluss des Lebens leiten.

Entschleunigungsbilanz

Ziehen Sie Bilanz im Hinblick auf Ihr Ziel »Entschleunigung«: Die folgenden Aussagen entsprechen den 25 kleinen Schritten zum Erlernen der Entschleunigung und den 3 Ratschlägen in Kapitel II dieses Übungshefts (S. 19 ff.). Kreisen Sie die Punktezahl jeder Aussage ein, die heute auf Sie zutrifft:

		Punkte
1.	Ich verlangsame hin und wieder meine Gesten.	2
2.	Ich bleibe jeden Morgen drei Minuten im Bett liegen.	4
3.	Ich breche immer zehn Minuten zu früh auf.	5
4.	Ich schaffe es, immer nur eine Sache auf einmal zu machen.	4
5.	Ich kann auf meine »innere Uhr« hören.	2
6.	Ich trage keine Uhr mehr.	3
7.	Ich schalte seltener den Fernseher ein.	5
8.	Ich plane meine Fernsehzeiten im Voraus.	4
9.	Ich nehme Entspannungsbäder.	2
10.	Ich gehe zwischendurch spazieren.	2
11.	Ich gehe seltener einkaufen.	5
12.	Ich höre anderen häufiger zu.	2
13.	Ich gestehe mir häufiger eine Pause zu.	5
14.	Ich nehme den Geschmack des Essens wirklich wahr.	4
15.	Ich kann auch einmal nichts tun.	5
16.	Ich habe mir ein Ritual zugelegt.	3
17.	Ich habe weniger routinemäßige Gewohnheiten.	4
18.	Ich nehme mir die Zeit zu atmen.	4
19.	Ich bin in der Lage, Hilfe zu erbitten.	3
20.	Ich gönne mir Massagen.	3
21.	Ich habe mir einen heiligen Raum geschaffen.	2
22.	Ich kann mein Handy ausschalten.	4
23.	Ich kann mich zurückziehen, um wieder zu mir selbst zu finden.	4
24.	Ich halte Mittagsschlaf.	3
25.	Ich habe einen Garten bepflanzt.	4

Bonuspunkte

26.	Ich habe keine Schuldgefühle, wenn ich mir Zeit lasse.	4
27.	Ich habe überflüssige Aktivitäten weggelassen.	3
28.	Ich praktiziere Kaizen.	4

Zählen Sie Ihre Punkte zusammen und schreiben Sie die Summe hierhin:

»Ich habe meine Ziele zur Verlangsamung zu ..... % erreicht.«

Einige zusätzliche Ratschläge auf dem Weg:

- Rufen Sie Ihre E-Mails nur zweimal am Tag zu festgesetzten Zeiten ab.
- Sagen Sie von jetzt an nie wieder zu irgendjemandem: »Beeil dich!«
- Nehmen Sie für Entfernungen unter 500 Metern nicht das Auto.
- Essen Sie niemals ein Sandwich vor dem PC.
- Nehmen Sie Ihr Mittagessen nie am Schreibtisch ein; auch nicht an einem Tisch daneben.
- Überlassen Sie Ihren Urlaub nicht Ihrem Arbeitgeber.
- Wechseln Sie so oft wie möglich Ihre Aktivitäten.
- Lesen Sie einmal pro Woche Geschichten in der Familie.
- Kochen Sie ...

Zum Nachdenken ...

Stellen Sie sich vor, Sie würden Ihr ganzes Leben in einem einzigen Zimmer eingesperrt verbringen. Anfangs ist es groß, geräumig, luftig, mit allem Notwendigen ausgestattet, um komfortabel zu wohnen. Doch im Lauf der Zeit ändert Ihr Lebenszimmer seine Größe, es zieht sich zusammen ... Anfangs merken Sie es gar nicht und leben einfach weiter wie vorher, stellen weitere Möbel hinein, neue Bücher ins Regal, legen neue Kleidung in die Schränke. Und eines Tages merken Sie, dass Ihr Zimmer immer vollgestopfter wird. Dann erkennen Sie, dass Sie nicht nur deswegen weniger Platz haben, weil Sie immer mehr neue Gegenstände hinzufügen, sondern weil Ihr Raum sich tatsächlich zusammenzieht, als würde er von einer unbekannten Kraft zusammengedrückt. – So könnten Sie sich die »zeitliche Komprimierung« bildlich vorstellen, wie sie vom amerikanischen Autor, Philosophen und Forscher Terence McKenna (1946–2000) in den 70er-Jahren in seiner »Novelty Theory« dargelegt wird. Er arbeitete über die mathematische Struktur im Yi Jing (auch **I Ging**), dem chinesischen »Buch der Wandlungen«, und gelangte zu dem Ergebnis, dass die Zeit nicht linear verläuft: Sie ist eine Welle (timewave), genauer gesagt, eine Fraktalwelle an Informationen, in der alles Neue in Erscheinung tritt – Ereignisse, Erfindungen ... – und zwar im Verlauf der gesamten Menschheitsgeschichte. Je mehr Zeit jedoch verstreicht, desto mehr scheint sich diese Welle zu verdichten, wird komprimiert, während sie immer mehr »Neues« hervortreten lässt. McKenna zufolge hat die letzte Phase dieser Welle am 6. August 1945 (Bombardierung von Hiroshima) begonnen und beschleunigt sich nur noch – daher der Eindruck, dass die Zeit immer schneller vergeht. Diese Welle kommt in dem Moment zum Halt, wenn so viele neue Ereignisse sich gleichzeitig manifestieren, dass es zu einer großen globalen Veränderung kommt. Diesen Moment hat er den »Nullpunkt« genannt. Diese sehr umstrittene Theorie erinnert an den »Omegapunkt« von Pierre Teilhard de Chardin oder den »Punkt der Singularität« des Informatikers Raymond Kurzweil. Es liegt bei Ihnen, zu entscheiden, ob diese Erklärung Sie anspricht und ob Sie gerne mehr darüber erfahren möchten.

Literaturverzeichnis

Beck, Charlotte Joko: *Zen im Alltag.* Goldmann, München 2011

Honoré, Jean-Carl: *Slow Life. Warum wir mit Gelassenheit schneller ans Ziel kommen*. Goldmann, München 2007

Long, Aljoscha A.; Schweppe, Ronald P.: Die 7 Geheimnisse der Schildkröte. Den Alltag entschleunigen, das Leben entdecken. Heyne, München 2010

Petrini, Carlo: *Slow Food. Genießen mit Verstand.* Rotpunktverlag, Zürich 2003

Die Bibliothek der guten Gefühle

Aus dem Französischen von Claudia Seele-Nyima
Illustrationen von Jean Augagneur
64 Seiten, broschiert

Das kleine Übungsheft:

Xavier Cornette de Saint Cyr
Verborgene Talente entdecken
ISBN 978-3-941837-52-2

Alice le Guiffant & Laurent Pare
Ausmisten und wieder durchatmen
ISBN 978-3-941837-71-3

Ilios Kotsou
Achtsamkeit
ISBN 978-3-941837-95-9

Ilios Kotsou
Emotionale Intelligenz
ISBN 978-3-941837-50-8

Odile Lamourère
Freunde gewinnen und bessere Beziehungen führen
ISBN 978-3-941837-70-6

Jacques de Coulon
Krisen bewältigen
ISBN 978-3-941837-91-1

Pierre Rabhi & Anne van Stappen
Für eine bessere Welt
ISBN 978-3-941837-92-8

Hervé Magnin
Lebensträume verwirklichen
ISBN 978-3-941837-93-5

Rosette Poletti & Barbara Dobbs
Loslassen
ISBN 978-3-941837-53-9

Rosette Poletti & Barbara Dobbs
Selbstbewusstsein
ISBN 978-3-941837-54-6

Marc de Smedt
Meditationen für jeden Tag
ISBN 978-3-941837-69-0

Anne van Stappen
Grenzen setzen – Nein sagen
ISBN 978-3-941837-73-7

Anne van Stappen
Selbstliebe
ISBN 978-3-941837-68-3

Yves-Alexandre Thalmann
Dankbarkeit
ISBN 978-3-941837-96-6

Yves-Alexandre Thalmann
Endlich frei von Schuldgefühlen
ISBN 978-3-941837-72-0

Yves-Alexandre Thalmann
Glückstraining
ISBN 978-3-941837-49-2

Yves-Alexandre Thalmann
Optimismus
ISBN 978-3-941837-51-5

www.trinity-verlag.de